Gundi Albrecht-Boese • Gedanken

Gundi Albrecht-Boese

Gesammelte
Erinnerungen
Davon
Alltägliche
Notizen
Kurze
Einfälle
Nunerstrecht

Gedichte

Bibliografische Information der Deutschen Nationalbibliothek
Die Deutsche Nationalbibliothek verzeichnet diese Publikation in der Deutschen Nationalbibliografie; detaillierte bibliografische Daten sind im Internet über http://dnb.d-nb.de abrufbar.
Eine Marke der Frieling & Huffmann GmbH & Co. KG
Tel. + 49 – 30 – 766 999 – 0
www.frieling.de

Umschlaggestaltung: Michael Beautemps
1. Auflage 2020
ISBN 978-3-8280-3541-6
Printed in Germany

Musik für mich

Lacht dein Mund
mir zu
singen deine Augen
ein Lied für mich
spielen deine Hände
auf mir
wie auf einem Instrument

gebe ich die Töne
an dich zurück
wird aus dem Lied
ein Kanon
aus dem Lachen
wird Seligkeit.

Vielleicht

Immer geradeaus, alles
links liegen lassen
damit man nicht überholt wird.

Irgendetwas lässt mich langsamer gehen
lebe ich überhaupt noch
da singt ein Vogel, dort blüht ein Unkraut.

Ins Gras werde ich mich setzen
lächelnd betrachte ich die anderen
da kommst du.

Ich lache dich an, du
legst dich zu mir ins Gras
dabei kennen wir uns doch kaum.

Im Gras ist es still und warm
Liebe wächst langsam
dich werde ich nie verlassen.

Still

still ist es geworden
leise bewegen sich die
kahlen zweige
die vögel trauen sich nicht
ein lied zu singen
es wird tagsüber
nicht mehr richtig hell
kalt und grau
drückt der himmel
die wolken auf die erde

seitdem du
nicht mehr da bist

Leer

die tür fällt ins schloss
ich sehe aus dem fenster
je weiter du wegfährst
umso leerer
wird es in mir

ich glaube
ich muss etwas essen

Herzschmerz

Gib mir dein Herz
du leidest keinen Schmerz
schön ist die Liebe im März
im April sag ich
es war nur ein Scherz.

Der Tag schleicht

Die Woche nimmt zu anstatt ab
der Monat zieht sich wie Kaugummi
das Jahr dauert eine Ewigkeit.

Als es dich noch gab
war der Tag ein Augenblick
die Woche hatte zu wenige Nächte
der Monat verging wie im Flug
ein Jahr war ein schönes Geschenk.

Gefühle

Gefühle lauern überall
und versuchen in mich einzudringen
ich beachte sie nicht
sage ihnen, sie sollen woanders verwirren
sie verfolgen mich
ich laufe vor ihnen davon
doch plötzlich sehe ich dich
stolpere
bleibe stehen
und die Gefühle holen mich ein.

Ob

ob er immer kommt
ob er dich liebt
ob es so bleibt
ob er mit dir hofft
ob ihr euch kennt
ob wohl …
obwohl?

Spiel

ich merke
dass ich das spiel
verliere
nur noch ein paar
letzte spielzüge
und du bist
der sieger

beide kennen
die spielregeln
aber der einsatz
war zu hoch

es war liebe

Grausames Spiel

Es war ein grausames Spiel
trotzdem habe ich mitgespielt
obwohl ich wusste
ich verliere
vielleicht habe ich gehofft
in diesem Spiel gibt es zwei Verlierer
die sich gegenseitig trösten können

Es gibt nur einen Verlierer

Hoffen auf Morgen

Heute klingelt nicht das Telefon
Regen prasselt an die Fensterscheibe
Außerdem ist das Essen angebrannt
Und das Spiegelbild zieht eine Grimasse
Trotzdem –
Ich fühle
Morgen scheint die Sonne
Hoffen auf morgen

Gefangen

gefangen im
netz der gefühle
stehe ich da.
du hast das
netz zugezogen
wie ein fischer
der seine beute
eingefangen hat.
die fische hatten
keine andere wahl –

ich bin freiwillig
ins netz gegangen.

HEUTE

Auf holprigem Pflaster
Hecheln wir vorwärts
Überholen die anderen
Schnappen nach Luft
Atmen staubige Straßen ein

Stumpf wandern wir
Zwischen Dunkel und Licht
Stimmen umschwirren
Unser Ohr
Was hast du gesagt?

bleibe stehen
warte ab
spüre den feuchten tau
an den füßen
umarme den starken stamm
der buche
schlucke den satten duft
der sonnenblume
lass dich treiben
zwischen blauen hortensienblüten

fühle das heute

Fühlen

Zwischen zwei Stühlen
inmitten von Gefühlen
zu heiß, um den Kopf zu kühlen
in mir dreht sichs wie in Mühlen
ich will in deiner Seele wühlen
und deine Narben zählen

das Labyrinth als Symbol des
menschlichen Lebens

Mut?

Ich will es unbedingt
Ich will es
Ich würde es gerne wollen
Ich möchte es
Ich möchte es vielleicht
Ich möchte es vielleicht doch nicht
Ich trau mich nicht …

Der Film des Lebens

der film beginnt
ohne vorspann
die schauspieler wechseln
doch der hauptdarsteller bist du
mal ist er schwarz-weiß
und mal sehr bunt
manchmal läuft er in zeitlupe
und dann wieder rasend schnell
die schauplätze wechseln
anweisungen kommen vom regisseur
das ende bestimmt der zufall

Was bleibt?

den angebissenen apfel
esse ich zu ende
im stehen
als ob ich gleich gehen will –
wohin?
im radio das lied
»weil du ein zärtlicher Mann bist«
in gedanken dabei

zwischen abfahrt
und ankunft

vom apfel bleiben
nur die kerne –
und von dir?

Nachwort

bis dann …
oder irgendwann …
auf jeden Fall –
ich ruf dich an

so trennt man sich
und keiner glaubt daran …

Du bist für mich …

Du bist für mich
wie ein Buch
das man sich
in der Bücherei ausleiht.

Man darf darin lesen
aber man darf
nichts anstreichen
nichts herausreißen
nichts umknicken
keine Flecken hinterlassen
weil es einem
nicht gehört.

Auch ich darf
in dir nur so lange lesen
bis die Leihfrist
abgelaufen ist.

Aber das, was ich gelesen habe
werde ich nie vergessen.

Ein Gefühl stirbt

ein gefühl stirbt

wie ein tier
so still und versteckt
ohne laute klagen

wie eine blume verwelkt
so plötzlich und
endgültig

wie es nacht wird
so unaufhaltsam und
zuverlässig

wie der winter kommt
so kalt und hart

wie eine seifenblase zerplatzt
so leicht und
unwiederbringlich

und man kann nichts
dagegen tun

man kann es
nicht einmal beerdigen
weil es nicht mehr da ist

Keine Zeit

Spiele hast du
fast so viele
wie der Spielzeugladen.
Deine Puppen
und Teddybären
haben noch
nicht einmal alle
einen Namen.

Deine Eltern
haben die Zeit
die sie dir schenken sollten
im Spielwarengeschäft
verkauft.

Umtausch ausgeschlossen.

Wer ist stärker?

das gefühl sagt ja
der verstand doch nein
das ich sagt vielleicht
das du sagt kann nicht sein
die seele leidet
das gewissen weint
die augen fragen

wer ist stärker?

Absage

Lange ersehnt und doch gefürchtet
schwarze Buchstaben auf braunem Papier
getippt mit einer Maschine ohne Seele
zugeklebt und gestempelt ohne Fragen
bürokratisch liegt der Brief vor mir
zögern – zittern – hoffen
zu leicht lässt er es mit sich geschehen
»Leider müssen wir Ihnen mitteilen …«

Briefe

Briefe liegen im Kasten
Manche mit Hoffnungen
Manche mit Reklame
Einer zerstört einer verbindet
Was so nah war ist ausgelöscht
Jemand der fern war greift in die Gedanken
Einige lange ersehnt
Andere hingeworfen in den Papierkorb
Doch – kein Unterschied im Stempeln der Marken

Vergangen

Schneeflocken wirbeln kalt durch die Luft
Sturm reißt an den letzten Tagen im Herbst
eine einsame Aster gibt auf
und nickt dem Winter zu.

Theater

Zwei Sekunden streichen vorbei
wie eine Ewigkeit
warten bei unbeantworteten Fragen
vertraute Geräusche verlieren sich
in der Vergangenheit
ich versuche sie zurückzuholen
in meinen Gedanken
doch wie im Theater die Kulissen
tauschen sie sich aus
und der Vorhang fällt

niemand klatscht.

Weihnachten

Ein Wunder als Kind
Ein Tag zu viel beim Erwachsenwerden
Rührung bei Eltern
Keine Zeit als Erwachsener
Gewohnheit später
Erinnerung im Alter
Warum?

Vorbei

ein blick aus dem fenster
wie zufällig
und doch voller erwartung
warten auf einen anruf
doch alles bleibt stumm
auch wenn man es sich noch so wünscht

ein verzweifelter einsamer spaziergang
am fluss
nur er ist derselbe

Sehnsucht

Sehnsucht heißt die Straße
auf der ich gehe
Sehnsucht der Traum
den ich nachts träume

Wann holt mich die Sehnsucht ein?
Ich wache auf und
bin am Ende der Straße

Trauer

Ich kauer oben auf dem Dach
inmitten vieler bunter greller Federn
Angst spüre ich als kleiner Mensch
zwischen dem grellen Leuchten
eine Hand wird mir entgegengestreckt
doch ich kann sie nicht greifen
das Dach ist viel zu hoch

Suche

Ist Sehnsucht schon Liebe?

Wir suchen beide etwas Verschiedenes
Auf dieser Suche sind wir
uns zufällig begegnet
haben zusammen geträumt

Aber jeder seinen eigenen Traum
und haben doch so getan
als ob es unser gemeinsamer ist

Bis es auffiel
dass jeder an einer anderen Stelle sucht
und dabei vorgibt
dasselbe zu suchen wie der andere

So haben sich ganz zufällig
unsere Wege wieder getrennt

Ich suche immer noch
aber jetzt ohne dich

Nacht

Hörst du die Stille
siehst du die Kälte
fühlst du die Nacht
die alles zudeckt
und ungeschehen macht

Kampf

Kampf dem Alltag
Kampf den Misserfolgen
Kampf den Demütigungen
Kampf der Gleichgültigkeit
Kampf der Unmenschlichkeit
Kampf dem Hass

Zu viel für einen Einzigen

Es war nur Spass

was erwartest du von mir?
dass ich dich verstehe
dass ich mit dir gehe
dass ich mit dir lebe
dass ich dich liebe

du verstehst wohl keinen SPASS

Einsam

Einsam nachts in den Straßen der Stadt
Einsam nachts allein im Bett
Einsam nachts mit dir
Einsam in der Nacht
Einsam

Irgend

Irgendwo
Auf der Straße
In der Stadt
Im Büro

Irgendwann
Gestern
Voriges Jahr
Damals

Irgendwie
Absichtlich
Zufällig
Nebenbei

Ist etwas verloren gegangen
WAS!

Irgendwer
hat sich nicht gewehrt

Herbst

Der Herbst flackert ums Haus
Bäume zerren
braunes Laub flieht
die melancholische Sonne
versucht zu scheinen am Horizont
kalt ist es geworden
viel zu kalt
um Herzen zu wärmen

Gedanken

Gleichzeitig unzählige Gedanken
ängstliche und glückliche
wie ein Baum voller Blätter im Wind
doch Worte lassen sich nur einzeln aussprechen
wie ein kahler Baum im Schatten

Wann?

Jetzt?
Nein – später

Morgen?
Nein – später

Nächste Woche?
Nein – später

Nächsten Monat?
Nein – später

Nächstes Jahr?
Nein – später

In zehn Jahren?
Nein – später

Nie?
Nein – s…p…ä…

Zu spät!

Wohin?

Fragen ohne Antworten
Antworten die keine sind
Übelkeit im Herzen
Distanz zwischen Welten
Schweigen mit Worten
Trennung als Lösung?

Die einen – die anderen

ich kann alles
sagen viele
und setzen
sich durch
rücksichtslos gegen andere

ich kann nichts
meinen manche
und ziehen
sich zurück
in ihr schneckenhaus

doch selbst
das schneckenhaus
wird noch zertreten
von denen

Ein Wunsch

im märchen heißt es
drei wünsche hast du frei
wünsch dir was du willst
und es wird dir erfüllt
ich habe nur einen wunsch –

aber märchen gibt es
schon lange nicht mehr

Loslassen

Zusehen
ohne helfen zu können
Verfall
nicht aufhalten können
Worte
bleiben im Hals stecken
Angst
ummantelt die Gefühle
Ahnungen
werden zur Gewissheit
Dem Tod
ins Auge sehen

Fragen
auf die es keine Antwort gibt
Antworten
die keine sind
Distanz
zwischen Welten
Schweigen
mit Worten
Trennung
als Lösung?

Erinnerungen
an Kindertage
Einheit
der Familie
Eigene Schritte
ins Unbekannte
Erfahrungen
zum Selbst
Schmerzliches Lösen
der Bindung
Freiheit
ich suche dich

Einmal

einmal die schneeflocken
einfangen
einmal den ganzen tag
auf händen gehen
einmal die silben der wahrheit
auseinander reißen
einmal die wellen über sich
zusammenschlagen lassen
einmal das korsett der täglichen heuchelei
abstreifen
einmal sich vor dem regenwurm
verbeugen
einmal bis an das ufer des möglichen
gelangen
einmal ich sein
einmal leben
nur einmal

Meine Welt

Der Tisch der Welt ist gedeckt
hoch über der Erde
mit einem Tischtuch aus weißem Lack
das geordnete Geschirr dieser Welt
ist aus unzerbrechlichem Plastik
die Kerzen flackern elektrisch
zufällige Gäste riechen an künstlichen Blumen.

Doch unter diesem gedeckten Tisch
ist meine Welt
mit wildem Unkraut
undurchdringbaren Sträuchern
tiefblauen Seen
steilen Bergen in greller Sonne
weiten Tälern im Schatten

und mit dir

Sonne

Nass klatscht der Regen auf die Haut
nackt sieht die Welt aus
kalt und unberechenbar.
Der Himmel droht dunkel
wie der Asphalt, auf dem ich gehe.

Doch da blinkt die Sonne
und zieht die Welt warm an.

Ich mag

Ich mag Blumen an Fenstern
nur so in den Himmel sehen
nachts den hellsten Stern
und die Jahreszeiten vergehen.

Ich mag Wellen im Meer
Kornblumen im Sommer
die Straßenbahn schön leer
die Landschaft in Pommern.

Hortensienblüten

Zwischen Hortensienblüten
Sehe ich dich
Lachst du mich an?
Zwischen Hortensienblüten
Lachst du mich aus?
Ich mach mir nichts draus
Zwischen Hortensienblüten
Sehe ich dich

Hauptsache ich lebe

Wo bin ich?

In der Mitte des Lebens?

Am Anfang?

Am Ende des Lebens?

Wo fängt es an?

Wo hört es auf?

Egal

Hauptsache ich lebe

Glück

Ein Luftsprung im Schnee
Den Duft eines Veilchens riechen
Herzen in den Sand malen
Papierschiffchen auf den See setzen
Mit dir um die Wette rennen

Das ist Glück atmen

Freude

Vor Freude laufen durch den weiten Wald
Vor Freude laufen wo andere nur gehen
Vor Freude laufen über den See
Vor Freude laufen nur laufen
Vor Freude
Vor lauter Freude

Flieg

Dem Himmel entgegen
Die Erde bleibt hier
Schwalben voraus
Dem Himmel entgegen
Der Wind spornt mich an
Höher hinaus
Dem Himmel entgegen
Die Erde bleibt hier

Vergangenheit

Was ist Vergangenheit?
Das Frühstück heute Morgen
Der Urlaub im letzten Jahr
Das erste Fahrrad?

Es ist keine Vergangenheit
Wenn ich die Marmelade noch auf den Lippen schmecke
Wenn ich noch das Brennen der Sonne auf dem Rücken spüre
Wenn ich mich noch wie ein Kind freuen kann!

Feb. 1993

Inhalt

Musik für mich 6

Vielleicht 8

Still 10

Leer 11

Herzschmerz 12

Der Tag schleicht 13

Gefühle 14

Ob 15

Spiel 16

Grausames Spiel 17

Hoffen auf Morgen 18

Gefangen 20

Heute 21

Fühlen 22

Mut? 24

Der Film des Lebens 25

Was bleibt? 26

Nachwort 28

Du bist für mich … 30

Ein Gefühl stirbt 31

Keine Zeit 32

Wer ist stärker? 34

Absage 35
Briefe 36
Vergangen 37
Theater 38
Weihnachten 39
Vorbei 40
Sehnsucht 41
Trauer 42
Suche 44
Nacht 45
Kampf 46
Es war nur Spass 47
Einsam 48
Irgend 50
Herbst 51
Gedanken 52
Wann? 53
Wohin? 54
Die einen – die anderen 55
Ein Wunsch 56
Loslassen 58
Einmal 60
Meine Welt 62
Sonne 64

Ich mag 65

Hortensienblüten 66

Hauptsache ich lebe 67

Glück 68

Freude 69

Flieg 70

Vergangenheit 72

Die Autorin

Die 1954 geborene Gundi Albrecht-Boese studierte in Hannover Gartenbauwissenschaften. Bis zum Erreichen ihres Rentenalters war sie in verschiedenen Bereichen des Gartenbaus tätig. Sie hat zwei erwachsene Kinder und lebt mit ihrem Mann in Syke bei Bremen.

Die Illustratorin, Elfriede Binnewies, wurde 1925 in Witten geboren. Als Gymnasiallehrerin war sie während ihrer gesamten Berufstätigkeit am Gymnasium in Westerstede tätig, wo sie auch heute noch lebt. Das Hobby der Malerei begleitete sie ihr ganzes Leben, wobei sie die unterschiedlichsten Techniken anwendete.